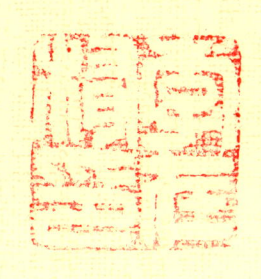

종이왕자

미르의시 **1** 이재욱 두 번째 시집

인쇄/ 2023년 6월 15일
발행/ 2023년 6월 25일
지은이/ 이재욱 (ilsinad@naver.com)
발행처/ 미르출판사 (등록 2022.4.4 제25100-2022-000015호)
    42669.대구광역시 달서구 성당로33길 110
代) 053-256-2622 http://ilsin.biz

ⓒ 이재욱, 2023
ISBN 978-89-91638-06-8

※ 저자와의 협의에 의해 인지생략
※ 이 책의 판권은 저자와 미르출판사에 있음
※ 양측의 서면 동의 없는 무단전재 및 복제를 금함

책값 12,000원

종이왕자

이재욱 두 번째 시집

[시인의 말]

밥상은 함께 차려야 즐겁고
밥은 같이 먹어야 맛있다

   선인이 '하루는 이십사시간이요' 규정지음에 대해 항거한다. 왜 하루를 삼십시간 아니 삼백시간으로 만들지 않고 고작 이십사시간밖에 만들지 않았을까?
   덤의 시간은 더 싱싱한 여유를 누리고 더 넓게 사물을 관찰할 수 있으며 두류마을 이웃에게 더 편한 웃음을 나눌 수 있을텐데 말이다. 나는 감히 시간을 만들려고 한다.
   이십사시간의 '보이지 않는 사람' 속에서 잘 닦은 안경을 쓰고 나를 드러내 보이며, 옛것의 상실을 상실로만 보지 않고 느끼고 찾아 낸 다음, 새 것으로 만들어 내려는 당돌한 노력을 스스로 응원한다.

우상화되어 고독한 해와 피부 와 닿아 살가운 햇살의 주종으로 세상은 돌아간다. 장래희망과도 같은 태양의 존재는 요원하고, 하루 하루 달리 뵈는 빛과 투사된 햇살의 만지듯 살며 함께 놀아주는 친근함은 늘 옳다.

밥상은 함께 차려야 즐겁고 밥은 같이 먹어야 맛있다.

꼼꼼하거나 푸짐하진 않더라도 조금의 배려와 잠시의 헤아림으로 살면 참 좋다. 포털사이트의 궂은 소식들로 안타까운데 이어 게시된 댓글들은 갈라지고 찢긴 글투로 더욱 처참하다. 사회를 보는 눈이 삐뚤고 얕다. 굳이 선플운동 아니더라도 손수 아름다와지기를 바라고 행함은 곧 즐거움이다.

'문학은 자유와 같다'는 공자의 말처럼 시한부의 사람들이 스스로 말미암을 때 곧 문학이 된다. 참을 말하면 이롭고, 행 이루면 복이 오며, 바르게 살다보면 곧 인생임을 알고 나는 울타리 문을 연다. 이런 자위가 독자님께 위선으로 비춰질 수 있어도 이 시를 보고 상상하고 깨닫고 의심하라 말씀드릴 뿐이다.

　비현실적인 일은 없다. 모두가 우리에게 일어나는 현실이다. 서둘러 피는 꽃은 서둘러 진다 해도 나의 시간에서 개화의 아픔을 얻고자 아무래도 서둘러야 한다는 억지와 함께 이 졸품을 보낸다.

2023년 6월 이재욱

I부 - 궁금답답

15 / 둥지를 버리고
17 / 아이에게
18 / 누가 내게 묻던데
20 / 살아 숨쉬되 흐름이 없어
21 / 질경이
22 / 바람
23 / 갈대
24 / 테두리
25 / 청-영도로에서
26 / 강요에 의한 詩짓기
27 / 의보진단서
29 / 오늘은 비가 내리네
30 / 88년 초겨울
32 / 하네다공항의 안개
34 / 除夜
35 / 냉수
36 / 서울인구 천만
37 / 신천동자취방
38 / 외인학교
39 / 어떤 충고
40 / 우리,매월당,거지,나
42 / 궁금답답

II부 - 살맒앓이

45 / 이런 외침
46 / 팽이
47 / 강마을 아저씨 1
48 / 강마을 아저씨 2
49 / 염낭속의 태아는 나아감의 세계를 만들고
51 / MeMo를 읽지 못하는 사람들
53 / 시계
54 / 불종거리 1
56 / 불종거리 2
58 / 산이여 산이여
59 / 무야시의 죽음
60 / 혜정은 날아가고
62 / 혜정과 함께 사라지다
64 / 가을소묘
66 / 살맒앓이 1
67 / 살맒앓이 2
69 / 살맒앓이 3
70 / 살맒앓이 4
71 / 살맒앓이 5
72 / 살맒앓이 6
73 / 살맒앓이 7
75 / 살맒앓이 8
77 / 살맒앓이 9
78 / 가을과 시와 나
79 / 어떤 아이

Ⅲ부 - 종이왕자

83 / 설날아침에
85 / 밤을 가지지 못한 우리
86 / 새새O며O의도O그라미
88 / 조작극
89 / 시제
90 / 포장마차
92 / 자유에 의한 방황
94 / 이등병
95 / 동해기행-송도
97 / 동해기행-욕심
98 / 눈물도시 001106
99 / 눈물도시 001210
100 / 눈물도시 970518
102 / 한심
103 / 종이왕자 920001
104 / 종이왕자 930001
105 / 종이왕자 930002
106 / 종이왕자 930003
107 / 종이왕자 930004
108 / 詩人夢想記
110 / 젊은 예술가의 슬픔
112 / 作亂
113 / 하교
114 / 새

5 / 시인의 말
116 / 해설

1부
궁금답답

둥지를 버리고

사랑의 사람과 바다밑 깊숙히
가라앉아 있는 느낌
우리 손가락 사이에 물갈퀴가 없음으로 인하여
헤엄치기가 힘이 든다. 흐느적거리는
해초 무리와 신비한 돌들과의 부대낌

둘이 모여 하나되고 다시 하난 둘로 나뉘어
훌 훌 둥지를 버리고
미지의 세계로 날아가는 새들은 행복하겠다.
무정한 땅거미의 으스러짐이듯 둥지속의 사람은
물기없는 빛갈로 채색되나 보다.

오락실의 갤러그앞에 앉은 기분으로
이마에 대일밴드를 붙이고 증명사진을 찍는 기분으로
훌 훌 둥지를 버리고
미지의 세월로 달려가는 우리들은 행복하겠다.
무정한 땅거미의 으스러짐이듯 사랑의 사람은
흙빛으로 기억되나 보다.

가냘프게 드리워진 기다림의 땀방울
피멍든 발바닥의 쓰라림으로 인하여

직립보행마저 힘들다.
아이의 모아진 손에서 압축되어 흐르는
슬픈 이슬 두어낱.

아이에게

추워도 따뜻한 척 할 수 있고
배 고파도 안 주린 척 살 수 있으며
세상이 날아갈 듯 기뻐도 그러지 않을 요량 있고
흘린 눈물 두꺼워도 슬프지 않으려는 마음으로
방랑의 네온싸인을 상상하자우리

우원하는 표정지을 자유가 있듯
세상 어두운 땅거미를 버리고
어데나 아궁이에 불씨 간직하는
아름다운 손끝을 키워가자우리

세상 회색 바쁜 나날 속에서도
새벽안개처럼 하얀 고독의 우리네 이마에
입 맞추어 줄줄 알고
깨어질까 가슴 조이는,
모르게 멋진 사랑 간직하자우리

누가 내게 묻던데

내가 먼저 물어 보았지.
깜둥이 꼬마 신랑 보듬고
얘깃거리 한껏 안을 거래
이상무 만화책 많이 읽고
너랑 모돠 사랑하고픈 바램이래

낙엽이 익어 뜬 계절 붉스그레한 우리엄마 처녀때 모습이
문득 보고싶은 가을이란다
바람아 간지러운 아침, 밤마다 우리엄마
젖꼭지 만작던
그게 모두 바람이었지.

입술 닿지 않고 아직은 우리들 손 안 시렵고
머리 아프지 않다
우리 한번만 더 불러 보자.
내가 먼저 물어 보았지
가을이래

누가 내게 묻던데
내가 먼저 물어 보았지, 내 소꿉 친구들아
누가 내게 묻던데 내가 먼저 물어 보았지

가을이래
내가 묻던데
오춘기의 고민이래.

살아 숨쉬되 흐름이 없어

사람이 사람이지 못하고
군인이 군인이지 못한
고초의 바퀴에 매달리어
사랑이 사랑할 줄 모르고
신앙이 신앙할 줄 모르는
하얀 깃발이 하늘에 산다는데

거대하나 속이 공하여
삶의 고독한 울림 심하고
무성하나 뿌린 짧아
고독한 삶의 몸부림 심한데

군인이 군인답지 못하여 저지른 패배
사람을 사랑하지 못하여 업지른 훼악
신앙이 신앙하지 못하여 받은 죄 이 모든 것을
이악한 새세상에 다시 뿌려 놓아
어떤 모습으로든 삶을 배워 가는
찌껍데기며 숲정이들이 백기를 찢는구나
동정맥이며 손 끝 발 끝들이
순수 백의를 찢어 가는구나

질경이

질긴 근성을 가졌다해서
질경이라 이름했던가
밟아도 다시 일어서는 풀
바보처럼 가만 웃는 풀
수레앞 기다려 수레뒤
수레뒤 이별이라 수레앞

잎몸 감싼 잎자루에서
끈기를 배우고
열린 사발따까리 씨를 받아
사랑을 헤아린다

질긴 목숨 끝까지 살아나
질경이라 이름하였구나

발자취여도 발자욱 없는 풀
만 병치레에 숨 바치는 풀
너를 덮어 개구리 살듯이
네가 씹혀 내가 낫는다

바 람

어느날 바람이 몹시 불어
베토벤 형상의 머리를 더욱
부풀려 놓던 날 그는 내게로 와
포말 아름드리 빛거품되었다

이토벤 상상의 머리를 더욱
윤기나게 하여
웃음 빙긋이 내게로 와
잔잔그리 사랑여울 되었다

바람은 이제 말끔이 어둠을 씻고서
모든 사라지는 것들을 분리하기 위해
우울의 구름을 걷어 내고 그는,
결국 바람이었다

갈 대

짙은 가을 그림자를 안고서
웃는 듯 우는 듯 말이 없구나.
스며들 수 없었던 노을을 생각하듯
歸路에 줄 이은 가을 노래 소리에
웃어도 울어도 답이 없구나

긴 어둠 짧은 그림자 에 숙어
살풋 수그리고 갈댓길을 걷는다
애타는 가슴은 바람을 타고
두둥실 하늘따라 날아만 가는데
스쳐도 붙잡아도 돌아오지 않구나

기인 어둠의 그림자를 밟고서
살끔 수그러져 살 댓길을 걷는다.
바람에 못이겨 흔들리는 속삭임이
찌르찌르 찌르르 저녁벌레의 이야기
가만가만 어디선가 갈댓살이 웃는다

테두리

필연도
선택도
보탬도
하나처럼 사라지고

난 아직
테두리 안에서 숨쉬고 있는데
왜 끝이 나야하지

어제만 해도 내가 누군지 잘 알았는데
이제는
언제나 초라하고 너절한 방랑자

애잔한 더움이 있고
속에 눈물이 흐르는
이름좋은 까페가 없을까요

외로운 것은 외로운 것끼리
우리 믿음이 시들어 가더라도
이슬은 이슬끼리
빗물은 빗물끼리
흐~ 른~ 다~

청-영 도로*에서

내가 걷는 이 길은
나태와 고독의 지름길
심장의 가장 뜨거운 부위에서
못난이 못난 날이 깨지는 소리다

까맣게 넓어터진 아스팔트
인생구비 마고산 돌아
길가의 능수버들, 살사리들
갖은 사람 다 지우는 빠름이다

오오토바이 토크토크
누가 속력을 내자고 했나?
작은 인생에서 보다 나은 세계로 이어질 때까지
그렇게 사랑을 얻으려고 바동거리는데
주왕산 약수처럼 톡 쏘는 맛. 톡 - 톡 -

원숭이같은 나의 과거는 사이비다 까마구다
여름 담뱃진 사랑은 피딱지다 얄궂다
뻘래뻘래 내 바다가 열리는 순간
새 생명의 동그라미 굴렸다

주) 청-영도로 : 청송에서 영덕을 잇는 34번 국도.

강요에 의한 詩짓기

의보 진단서

손톱으로부터 흐르는 전기 자기장
아찔한 충격우는 심장 지저귐 밤하늘
별처럼 아스라이 빛나는 눈의 촉감을 따라
한겨울 감기 걸린 코가 자고 일어나 딱딱한
고체가 밤하늘에 박히고
치석 틈새 끼인 이똥들의 부대낌으로
처참한 이빨들의 고통.

프로야구 관중들을 가둔 듯한
세반고리관의 불균형
이마빡에 맺힌 수분 함배인 흙먼지와
머리숲에 돌진하는 이(風)
세월의 흐름을 파악하지 않고
물흐름을 헤아리는 두 다리의 아픔은
성냥갑속에 잘 놓여진 성냥개비마냥
양말속의 발꾸락은 카네스텐의 도화선을 기다리며 섰고
히프살의 난동.

투우의 성난 눈동자 앞에 겁을 먹고 선
투우사의 긴장된 밝은 기를 조롱하는 배꼽들의
장난.

허벅지 모재기에서 움튼 싹이
나신의 추억을 기다려 메론향 끄덕이는 갈비뼈
건들거리는 날개죽지.

오늘은 비가 내리네

오늘은 비가 내리네
비는 즐겁게 땅을 부서뜨리네
비는 태양의 추억을 씻어 내고
비는 밤으로 이어지는 데
나를 찾아줄지 모르는 아쉬움으로
쉬엄쉬엄 비를 맞으려고
거리를 나서는 나

거리에 비가 내리네
비를 즐기는 사람이
비를 맞으려 하는 기대감으로
밤을 차지하는 나

88년 초겨울

88년 초겨울
그것은 쉽게 끝나버린
동두천 칠리의 아쉬운 지폐장이었다.
물 흐름의 정지속에 갇힌
순결의 악세사리를 갑자기 떼어두고
어린 이름을 스쳐 지나는
나그네의 혼탁한 눈자위였다.

내가 다시 무슨 말을 하리오.
— 내가 다시 무슨 말을 하리오
배부른 오락기의 때묻은 소리마냥
부르르 떨고 있을 뿐
"인제 참말이제"
"그려 참말인가벼"
사탕하나 깨물고 으시대던 골목 언저리
눈을 기다리는 마음으로
기다리자 기다리자.

내 웃음이 맑지 못하고
헤어지기 싫어도 떠나는
年輪의 여한이어라.
88년 초겨울 그것은

보내는 이와 떠나는 이의 공간을
지나는 의미없는 하루 종일의 눈
내 눈에 파묻힌 생명이 젖어있고
엉켜진 가슴에 써레질을 하는
눈이 내린다 눈이 내린다

하네다공항의 안개

오늘에 와 하네다가 속되고 직사각화되었기 때문에
당신이 살아나 당신은 하네다를 찾으셨습니다.
늙지 않는 날개 희끄무레한 생명으로
하네다를 가시게 했습니다.
오늘 아침 통신성 스피커까지도 일제히 회색빛 침묵을 달고
울먹입니다.

당신의 냉정한 몸에서 태어난 최초의 인간은
한반도의 심장에서 옭아지고 버티는 벌건 손
아침의 나라를 封해버린 벌건 손이
그들의 희끄무레한 생명을 침묵으로 개축하였습니다.
모자라는 그들의 문명을 구하기 위하여
순수 백의를 유린하였습니다.

한반도의 밝은 앞날이……
당신은 평화의 이름을 내리셨습니다.
당신이시여 갈기갈기 흩어진 세계
찢겨진 한반도 달리고픈 첨마 첨마

아~ 아직도 나는 벌건 비늘 가진 그들에게

손을 내저어려 하네.
하네다 공항의 안개가 더욱 짙어갈때
내 가슴은
당신이시여 당신의 사랑스런 이름을 받고
양심을 매매하였던 우둔한 내 가슴은
녹고 있습니다.
고통, 마침내 증오 오지 않는 곳에 그 이름은
하얀 손을 가진 나의 형제들, 삼팔선 너머 그들에게도
다정하게 하십시오.

당신이시여 피보다 농도짙은 당신의 은빛 침묵을
나는 믿게 되었습니다.
그리고 이제 우리 땅은 햇볕속에 눈처럼 녹습니다.
그러면 나는 조용히 잊습니다.

除　夜

빗물 부르며
잿빛하늘 슬허 날던 갈가마귀
마지막 밤을 넘기려는 힘든 작업에
없는 달 쳐다보며 눈물 지음은
지난날의 악몽을 회상하는 까닭인가

깨진 기와가 하나둘 이어져 정돈되고
흙담너머 요란하던 매구소리 멎어
숨소리마저 죽어감은
할아버님네의 심줄을 잇는
순수한 작업 때문이러라.

여름날밤 몸부림치던 어둠은 가고
여름날밤 몸부림치던 어둠은 가고
서른 세 번의 여울지는 소리 소리에
미칠듯이 번지는 머릿살이어!

냉 수

저 사람 숟갈속엔 뭐가 꼭
끼어있는 듯 하다
갈수록 세상은 알 길이 없고
미답없는 뉴스보도에
귀 기울이다가
들어가지 못하는 세상 그릇안에
냉수 한 종지 떠다놓고
눈만 껌뻑.

서울인구 천만

서울인구가 천만을 넘어섰다는데
아직 인구 관리하는 데서
조사한 게 없다는데
출신도별 인구나 살펴봐야겠다

서울인구는 서울사람이 단가
지역갈등 따지지 말고
까락질 이젠 사라지려나
경상도 사람도 많고
전라인이 더 많다지만
모르는 새 자라는
금력남도 학벌북도 세이들

서울 인구가 천만을 넘어섰다는데
당국은 천만에
담배레기 거둘국장
세제때 떼 디밀된장
미아 노숙씨 건질초장 두었느뇨.
조잡봇물 섞인 그깟 천만가지고!

주) 서울 인구는 1983년 920만이던 것이 1988년 1,028만, 2022년 현재 9,428,372
  명이다.

신천동 자취방

이 넓은 하늘아래서 슬픔을 야기하기 싫다.
앙상스러이 동강질하고선 앉았다가 누웠다가
쥐코밥상 더불어 씹어 고독 삼키다
찬밥 맹물에 고추장과 마루치 …
세상 사람들 모두 내 분비물 먹고
산하 대지가 다 내 발에 밟히는데
왕조말 구린 선비가 내게 다 부러우랴

튀어나온 상념 튀어 나간 밥알
내 밥상 갈기 전에 식객부터 갈것다
어디 부엉이 데려와 살림살이 하겠다

외인 학교

외인학교3학년8반
광땡인듯 따라진듯
건 내 알 바 없고

신장번호십구번황덕보!
국어팔십점산수오십점사회칠십점자연육십점
출석번호팔십칠번주판돌!
국어팔십점수학칠십점사과팔십점자과팔십점
등록번호공오일번김도필!
한국어오십점통계학구십점IcamGNA백점부모학점팔팔팔

외인학교1학년17반
인간제1987051번
준법성나근면성가아부성다자주성가협동성나
인간제1987052번
준법성나근면성가아부성나자주성나협동성가
인간제1987053번
준법성가근면성가아부성가자주성다협동성가
××의 길은 멀고도 험한 …… 그러나 살아나라.

어떤 충고

한 사람의 선천성을 이야기하지 마소.
지능요, 자연의 섭리화된 하품을 품노나니
지능요, 날짐승의 새박된 본능을 행하나니
지능요, 사람의 사선형 고독의 길을 걷노나니

내 태어난 강산에 똥오줌을 갈겨보소.
지능요, 정돈된 사색의 쓰레기를 버리게함이니
지능요, 풀잎의 왜곡된 아픔을 알게함이니
지능요, 뱃가죽의 두꺼운 의미를 추종함이니

잠시 풀섶에 업디어 택도 아닌 화산을 뭉개어보소.
지능요, 십오보 돌아갈 때기 수줍음 갖으리니
지능요, 잔디씨 껍게 익혀 악어가죽 걸머쥐리니
돈 주고 똥 받는 세상 한국은행 쳐 들이리오.

우리, 매월당, 거지, 나

동물원 오양간에서 뿜어져 나오는 김
밤의 맹수들의 소란
우리를 슬프게 하는 것들
날 고깃덩어리를 들고 지나가는 것
먹이를 줄 때 지르는 소리

군데군데 젖은 솔가지 꺾어
아궁이에 쑤셔박고 불을 붙이는 누구?
우리를 슬프게 하는 것들
풀내나는 새벽공기
삼각산의 매월당

동냥통 안에든 헌돈 부스러기
우리를 슬프게 하는 것들
때낀 귓바퀴를 은밀히 건드려
낮은 그림자의 장난으로 손발이 젖어
종이장처럼 얇은 거지 안면부

먼 하늘에 토끼 두엇
보라빛 점점 묽어 점점
토끼 사이 왼 기운 달

보라먹고 커 가는 나, 저런!
도대체 당신 몰골이 무엇이오.

궁·금·답·답

우리 할아버지때의 사람보다 더 옛날에
한 사람이 우리가 우리를 부르는 사람과
많은 생각을 가지라는 사량과
좋은 사랑을 하라는 사랑을 같다하셨더이다.
봄 사랑네 피어나모 세상사람 오고말리니
사람의 사랑에 대한 사랑의 살으랑은
사랑에 대한 사랑의 사람이고
봄 보내고 하사랑니 올 사람 필 사랑도 푸르르릉 번졌분져
한 개골날 사랑에 옮긴 얼음 그릇은
엄마사랑 받는 사람 그리워지는 사량이고
늦가을 사량은 사람손님의 사랑채 사랑놀이
갖고 달아나더이다.
사랑하는 사람의 사랑들은
사람들의 사랑하는 사람에게 바치더이다.
사람의 사랑에 대한 나의 사랑하는 시는
이것으로서 사랑을 그만두리이다.

II부
살맛앓이

이런외침

수천평 모래알의 싹이 트이기도 전에
움직이는 허수아비들로 수모를 당하는 오후.
흰 옷 입은 족속들의 땀이 흐른다.
1. 반나 태양의 어지러운 방랑
2. 무채색으로부터 일광선의 해방선언
하지만 이것들이
두 동그러미의 자유를 이야기하기엔
너무 부족하다.
태양을 사랑하는 것보다야
햇빛을 사랑하는 것이 열정적이고
햇빛을 사랑한다는 것은
태양을 사랑한다는 것보다 더
적극적이기 때문이다.
‘
‘
‘
태양을 사랑하고픈 자 햇빛을 사랑하자.

팽 이

팽 ~ 팽 ~
팽이가 돈다.

팽 ~ 팽 ~
지구가 돈다.

팽 ~ 팽 ~
인생이 돈다.

강마을 아저씨 1

가느다라 – 케
천정을 찌르고 있다.
오늘 아침 아저씨는 또 분필 꼬챙이를
태웠더랬다.
읍에서 나온 사람이 칠판을 들이댔다.
꼬챙이를 태워 농부는 흑색 천정을
때렸더랬다.

그런데 담배연기는 칠판을 찌를 만큼
오래 있질 않는다.

가느다라 – 케
천정을 찌르고 있다.
올 아침에도 아저씨는 분필 꼬챙이를
태웠더랬다.
읍에서 나온 사람이 칠판을 맡기고 갔다.
꼬챙이를 태워 농부는 흑색 천정을
때렸더랬다.

하지만 담배연기는 칠판이 병들 만큼 오래 살질 못한다

강마을 아저씨 2

목마름을 느껴본 절망감은
쉬이 잠을 청한다. 꿈을 꾸자.
사람들이 안 보인다.
내가 바라던 사람들…

벌써부터 나는 희망을 얘기하고 싶지않음으로해서
허다한 현대문명에 아픔을 맞부딪게 하고
희망을 얘기함으로해서
콩크리트의 부조화를 치어다볼 수 있고요.
물기 없는 연속된 눈물 흘림.

아저씨의 웃음
되돌려 받았으면 좀 좋을까요.
가끔씩 찾아드는 모구, 순간
그 곳에 손이 간다.
능력을 부풀리는 행위 그것의 되풀이

인간이 상상하는 그 어떤 것 보다도
극히 자연스러운 것은
가을이 되기전 무성한 이파리 내민 손이
끝없이 무엇인가를 사랑코자 하고요.

염낭속의 태아는
나아감의 세계를 만들고

염낭속의 태아는 통상
십 사만 오천 회의 손짓을 보내고서
탈낭한다고 한다.
가마쥔 날개를 태아의 어깨 죽지에
붙였다 뗐다 하는 우리들의 엄마
엄마의 한

퇴색된 삶을 깨뜨리면서
바닥바닥 걸어 가는 사람의 길
하루에도 수십번 태아는 손짓을
기록하지만 새생명이기 이전의 사람들은
단 한번이라도 수답(手答)하지 않고서 걸어 간다.
숫자 놀음으로 일그러진 직사광을 받으며 걷는다.
엄마요
저 나무에서 원숭이 새끼는
몇 번이나 굴러 떨어져야 했나요.

팔다리 잘린 야전병원
단 한번의 물만 먹어도 죽는다는 사실을 알면서도
갈증 간절하게 호소하네
무거운 철문이듯 깨뜨리지 못하고

엄마요
문이 열리기를 기다리도록 해요
하 십사만 오천일회의 날 오라는 신호
자 여기서 일어서는 시간

Memo를 읽지 못하는 사람들

메모지 한장 뎅그러니 책상에 놓고
동성로를 방황했던 기억
내가 내 삶을 살지 않았다는 깨달음
손가락에 끼고서
제일은행앞을 달리던 기억이
안경알 사이에 맺힌다.

성냥갑속의 성냥개비마냥
부러 떨어질 날을 두려워 하더라도
분신의 꿈을 꾸자.

"밤 11시 50분 귀가"라고만 적었는데
이 한심스런 약속을 지키기 위해
왔던 길 멈추서고 뒷걸음친다.
제길 먼지같은 삶이여!
나중 또 여기 오겠지.

바쁘다 누군가
소식 없었지만 혹
나의 잿빛 가슴을
달여 주리라는 기대에 바쁘다.

… … … …
신천동자취방
끝내 텅 비고 형광등엔
먼지만 쌓였어라.

시　계

사람들의 묵은 세상에
새봄이 들떠요.
잘못된 계절, 헝클어진 시간
값비싼 삶에 대하여
성난 엄살과
불통 튀는 헤겔 쳇바퀴
흐르는 시간에 때 묻힐 여력이 없네
넌 벌써 어른인데
난 아직 어른이구나
어린 어른이 술레되어
어른 어린이 애가 타네

어디로 흘러 맞게 가는지
어떻게 돌아 맞출 수 있는지
서로 침맞춤 잃은 사람들
이제 사람들은 기분전환을 위해서
시계를 보지 않는다.
무심한 흥정으로 시계를 샀네
아주 값비싼 세계의
스프링 춤추며 사는
한 마리 초바늘 작은 벌레

불종거리 1
-태양의 방랑행위를 고발함

작가없는 삶은 또 지싯거린다.
-자아를 상실한 사람이
이 아름다운 고장의 풍물이 되어간다.

색소를 잃은 에스터 샤베이터가
마지막 남은 계절을 놓으려 한다더냐?
위태로운 균형추의 아! 그 역삼각 표장이
비좁은 하늘을 어즈러이 날고 있는~~

총총한 主權을 安住하고 영원한 침묵을 許하는
그대는 누구더뇨?
(오늘)^2+(어제)^2=내일은
好 이코노미즘 세대의 句三 股四 弦五

저 옛날 殘班의 무작정 서러움을 토로하듯
상상도 못하리만치 엄청난
위대한 초상은 도색되는데……

자아를 상실한 사람이 이 아름다운 고장의 풍물이 되어갈 때
다시금 산새들이 찾아 와

포근한 안식을 고하고
어쩌면 지저귈 듯도 하다.

裸人들이 굳혀놓은 콩크리트의 페펏한 꼬챙이가
쭈뼷한 피뢰지점으로 뜨거운 열선을 감아 올려
떠 받치고 있다.

불종거리 2

지싯거림1
자아를 상실한사람이이아름다운고장의풍물이되어간다.
지싯거림2
지싯지싯지시시이잇 … 쉿!

역삼각표창이좁은하늘에떠있다.
고것이맴돌기만하면 ……
위태태태균형추
마지막남은계절이계속
모·서·리·에·쥐어박힌다.
그대=이코노TV만 찾는사람
우리=이코노TV만 찾는사람들

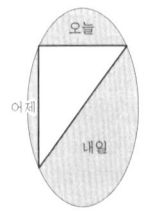
지싯지싯
어제4Cm
오늘3Cm
선분어제와 오늘은직각
$(오늘)^2 + (어제)^2 =$ 내일또내일

세상은 Pythagoras의 이설에따라무작정
무작정발전한다.

발쩐   발쩐
해도된다 와   해야한다 의 대립.

지싯거림3
자아를상실한사람이이아름다운고장의풍물이되어간다.

지싯거림4
지싯지싯지시시이잇 … 쉿!
裸人(세상사람들은모두발가벗을필요가있다)

산이여 산이여

서서히 병든 공기가
풀풀들인 대지를 숨길 때
시꺼먼 나무들이 액화시키지 못한 눈물을 날리는데
크다란 덩치가 어둠을 맞이한다.
무념덩어리가 밤을 찾고 있다.

바람이 숨죽이는 계절, 태양도 잠시 휴식을 취하고
바쁘게 회전하는 초침을 닮은 산에
맑은 눈과 밝은 귀를 얻어야겠고
고풍 의상의 소박한 꿈도 가질거다.
그렇게 산은 잠자고 있다.

산이여 산이여
시골 색시의 가붓한 웃음을 찾아야 하고
침묵을 찾아야 하고
주름살진 어머니의 따뜻한 손을 찾아야 하기에
그대의 눈과 귀는 태양이 밝아 오면
큰 덩치가 다시금 작아지고 산새들이 소란하리니
산이여 산이여 지금 깨어나야 하오
깨·어·나·야·하·오.

무야시의 죽음

아직도 비는 오지 않았고
희읍스럽던 얏광이의 주린 배가 생각났습니다.
생활에 겁 먹을 줄 몰랐던 무야시가
그래도 가늘기 흘러들던 강물이 얼음조차도 말려버렸을 때부터
무야시의 죽음은 시작되었습니다.
생활에 겁을 느낀 후부터 무야시는 아무 바램없이 대상도 없이 그리워 하게 되었습니다.
다시 물속에 들어가 헤엄도 치고싶고 누군갈 유혹하고도 싶었습니다.
하지만 무야시는 이미 살아있지 못했습니다.
생활에 의해서
버림받고 난 뒤의 마음이었습니다.

혜정은 날아가고

파리채 틈새 끼인 파리의 목숨을
사람들은 기억해 낼 수 없다.
또한 새 생명을 깨닫지 못한 자들은
염낭속에 태아의 손짓에 대답 못한다.

들녘에 핀 풀잎의 의미보다 더 껄끄러운
칼날보다도 더 거친
동맥을 끊겠노라고 말해 왔었다.

그을음 묻은 심장을 풀어 헤치고
절뚝거리며 사람앞에 선 광인의 사랑노래
후세에 기록될 이 성스런 제 앞에
가물가물한 현기증이 인다.

유난히 긴 머리를 하고다닌 여자아일 생각타가
어여쁜 칼날을 가슴에 껴 안고서
차라리 날 잊게 하여 주옵소서 기도 드린다.
빠알간 칼 끝에 마지막으로 남는 말
너의 눈에 사랑을 쏟고 싶구나.

대체 너의 목 짧은 족속들은

고향을 잃은 빈 나뭇가지의 방랑이더냐
사색(死色) 부끄럼의 미 성숙이더냐
대체 너희 반쪼가리의 영혼들은
일념 간절한 한을 못 푼 소쩍새더냐
아무리 내저어도 닿지 않는 무지개더냐
눈꼽낀 눈 알맹이로 구슬을 만들어
빈자의 사타구니 아래로 액을 버무린
신명나게 얽힌 세상살이 그리웁다.
올 사람 없는 구석을 날려 치우며
미친 척하고서 춤이나 추게 하지.

혜정과 함께 사라지다

사람이 일어선다.
사 – 람이 일 – 어 – 선다.
날개 펴고 일어선다.

하늘가운데 무수한 반쪼가리의 영혼들이
잃어버린 심장을 찾아 바쁘게 일어선다
내 육신 살점 하나가 무슨 죄 있어
이토록 혈을 마셔댔던가
나 새 생명으로 일어나기 이전에
무슨 소중한 것을 빠뜨리고 왔던가

후줄근한 피를 맞으며 집으로 돌아가는 길
가느다란 기억 남은 까페에 들러
풀빛연기 상대하며 코피한잔
마셔 볼까 했었지

바닥 하얀 코피잔과의 화답.
우리는 생생한 사랑을 나눈다.
하얀 미소의 여자아이 보이더니
이내 사라지고
사랑은 이제 없구나

너는 앞에 있는데 날 몰라보고
헛된 날개만 만지더구나
가난한 문둥이 시인의 한숨이여

이별은 준비하는게 아니라지만
이름 모를 곳에서 날개 죽지 퍼덕이는 소리
내일이면 날개깃이 빠지고
또 한번 자궁벽이 썩어 내릴 게지

가을 소묘

하나 또 하나 …
검풍(黔風) 불어 천지를 뒤덥고
하루 끄트머리에 서서 낙엽 헤이던 날
거뭇 또 거뭇, 훔친 하늘 또덥더니
티끌 하나, 나의 눈망울을 건드린다

낙엽이 진다
어둠속에서 낙엽이 진다
눈물이 그림자속에 가리워져
구멍이 숭숭 난 생채기 부끄러워
저렇게 어둠속에서
어둠속에서 옷을 벗는다

한 그루 목생(木生), 진리를 외면한 채
시리운 밤, 속삭이듯 연인을 그리며
티끌 때문인가 눈꺼풀을 내린다

동트는 우물 정화수, 앞가슴에 뿌리고
작은 손, 잎사귀를 만지는데
도시로 오그라들고
추억도 말라버려

시골아이의 간절함이 가을이 된 지금
잎사귀는 자꾸만 죽어 – 가고
잎사귀는 자꾸만 죽어 – 가고

살맑앓이 1

휘이 – 익 찬 바람 불고
까기다리 까마 까기다리 까마
바쁜 몸놀림,
밤은 계곡 웅덩일 읽고 있었다
빨간 색연필로 띠를 두른 미친 총알이
처절한 용사의 눈동자,
타 – 앙 총소리가 울렸다

맞았다
번민과 애증의 새生命을 그리고
찬 바람 마신 자궁

이렇게 나는 태어 나는가 보다

살맑앓이 2

애초 눈물부터 새생명으로,
궁은 내게 태어날까 끼어든다
마주 보며 날뛰는 말, 더친 다툼으로
신이야 넋이야 알끈한 방아쇠
기어이 터지고마는 새파란 총소리라

과거의 오류를 몸부림키워 지우고
핏덩이보다 더 붉은 니코친
흙눈물보다 더 짙은 알콜, 이미
은밀히 절여졌으리라

다들 비켜라 거침없는 모
아무도 못들와 부르돋는 순
어두운 세상, 잠꼬댄 듯 고집과
어려운 세월, 헛소린 양 성토로
그은 평행선이 줄 리 있으랴

빨간 방탄 무대 뒤
어차피 내 하늘 밖이라
능력짜 파란투스트라 나타나
총 총 감당못할 총 쏴 보낸다

지친 하늘가, 바빠지는 빛 보이고
이불로 잠입해 내 잠을 깨운다
하늘아랜 태양 없고, 살아오는 햇빛
광기 서린 펜대, 날 이대로 놔 달라
걷히는 이불, 잘 이대로 살게 하라

살맑앓이 3

어릴 적 강념에서 만남을 가꾸어 와
첫손모아 찾아낸 민들레, 나는
눈씨 쏘고 콧짓 들여 민들렐 살려낸다
꽃 없이는 존재할 수 없는 나
살다 지친 머리 발 가슴
매해 죽는 꽃들처럼.

봄꽃 시끄러이 내게 애쓰듯
나도 레에게 이야기하려 하나
때기름 칠갑한 백색 와이샤츠는
말하기 전 숨소리에 잘금잘금 녹다.

산다는 것은 확성기에 나타난 친구의 목소리다.

우리 어머님네의 세상 사는 풍경들
풍 - - - 경, 들 까마득하고
두 동그라미를 굴리는 죽은 말들의 잔치는
꽃이 죽어 준마죽고 도로 죽네
민들레 피는 밭.
비로소 걷는 길은 밭둑만 바수는 길.

살맒앓이 4

한울에서 돌고 있는 크多亂 합승차는
언제 한강철교로 폭주할 지 모를 일이다

판도亂 상자처럼 침묵을 당하고
봄꽃포 억수총에 그을린 우리네
눈폭탄 바람칼에 에이는 우리네
인생막창 삶은가버리살
숨막히듯 찌는 볕에 익는 세월 거부하랴

아주 옛날 우리 모둔 나눠 가진 해였는데
폭주의 해 쪼개지고 네가 나를 어찌
깨진 햇빛 전염되어 내가 너를 어찌
네가 한 짓 내가 하더니
제 3의 내가 나타나 우리네 해 해죽인다

반항아 드뷔시의 몽룡콩 환상나물에 매달려
우리넨 조금씩 아주 조금씩 죽어가亂 삶이다

살맓앓이 5

"아빠 나는 커서 의사가 될래"
세상은 아침 참새의 말놀림보다 더 조잡스럽다.

내 사상의 혼란이 온다.
가지산 석남사에 들러 잡념이 생기지 않아 다행이다.
성장하는 나는 발병을 구상하고 있다.

"그래서 나처럼 아픈 사람 모두 고쳐줄꺼야"
열 한 살이 뭘 알랴마는
너울가지없는 꼬만 그게 전부였는데
순간 내 자신이 위험하다는 걸 느낀다.
사상의 파편들을 끼워 맞추기에 급급.
짜릿한 첨단의학으로도 살리지 못한다, 당연한 듯
해쳐 버렸는지도 모른다, 하지만.

내 몸에 당신 피가 흐르고 있어요~
집집마다 F-킬라를 분사시켜도
분사시켜도 모기는 살아 있다.

살닮앓이 6

暗생각들을 지워 버리자
최신형 볼펜 지우개로 싹 싹
생채기 일거든 땀으로 씻어
明석한 두뇌로 살 살

껌을 감싼 껌종이 까듯이
생각의 잠금쇠 풀어
混탁한 포장에 꿈을 베끼자
씹어 깨우친 단물 머금고
웃음만으로 살아 보자

善명한 파랑으로 바뀌는 신호등
깜박거리다가 이제 여럿이 모여 듦
어릴 적 목줄 클 적 팔뚝, 말뚝을 박자
여유를 잃은 사람들
웃음을 주지 않는 그리움들
結국 우리가 찾아야 할 여웃음

살맒앓이 7

다음은 살맘지방
북동 후 남동풍이 8내지 10미터의 속도로 불고
차차 흐려져서 오후 늦게나 밤에
비가 오는 곳도 있겠습니다

숨느낌 만으로 살아 오는 것인지
내일 비가 온다 안 온다에 내기를 건다
비의 존재가 있기는 한지
나는 눈이 올 거라고 어거지부리는데
라디오는 비가 오는 곳도 알지 못한다

생명 받아서 어디 쓸 것인지
숨 쉬는 것 하나로 삶이 되는지
우의나 장화 따윌 사 둬야 하는지
무엇 하나 정의하지 못하고
내일을 기다린다

눈을 보고 싶었다, 맑은 눈
올 밤 나는 꿈을 꾼다, 눈이 나린다

아뿔사, 누가 내일을

당겨오기 전엔 나도 라디오도
어쩌지 못한다, 내 사상은 통제되고 …

살맒앓이 8

사람이기 전 넌 뭐였니?
속지렁이
헛바퀴벌레
날으는 모구
견마지로 사람행세를 하나

이악한 세상 보지 않아 부드러워
시끄런 세태 듣지 않아 맘편하여라
엉큼엉큼 누이 몸 속 자웅으로 기어
한 몸으로 살았을까

갈고 닦은 3억5천 부잣집 맏며느리
따뜻 촉촉 온정 찔어 반짝이는 몸매
자고나니 부자 깨어보니 사랑 그레고래 잠자
라 쿠카라차~ 한 쌍 이루었을까

애국자도 선지자도 아니지만
슬프지 않을 정도의 따가움으로 요리조리
밉지 않을 정도의 왱왱거림으로 구사일생
결국 산다는 게, 하루살아 남았을까

발씬발씬 바치고 알랑살랑 꼬리치건만
발톱 잘렸네 성대 조였네 중성화 당했네
가랑이 지어 두 다리 꿰 입어도 구팽쟁이
죽먹고 죽어감을 몰랐을까
사람이라면 넌 뭐로 사니?

살띪앓이 9

두 입놀림
실성한 열람실 제 5
비좁은 마음에 깨미가 찾아왔다
불같은 손가락의 댄스 경연
날선 머릿살의 되작거림
땡볕에 나앉은 기집애의 안타까움인 양
사위스럽다
굴뚝새 대숲 난동보다
더 아찔한 깨미 울음

발걸음 여럿
제67호 인간 제조 공장
마늘과 쑥 없이 사람일 수 있는 곳
충실한 직공들은
극심한 허무를 주입해댄다
억울하다 도서관,
이론 만~들~어 검수 시작한다
성한 곳이 있는지
상한 곳은 없는지
한바퀴 휘~둘러~ 뽑히기나 할런지

가을과 시와 나

모두가시인이된다는낙엽지는계절에나도야
시인이라고말은하였으나차마쓸수가없었습니다
감당할수없는많은언어를만나게되어서가아닙니다
시는쓸쓸하고무상할때쓴다지만나는야
시인이될수없습니다
시에게부끄럽기때문인지도모릅니다
시인에게죄가되기때문인지도모릅니다
포근한겨울을동경했기때문인가요

겨울을지나봄을기다리기에는너무지루합니다
아름다운봄을기다리므로
겨울은따뜻하기에가을보다슬프지않습니다
가을은문득슬퍼지는계절입니다
쓸쓸함과허무감이아무리밀려와도시를쓸수없었습니다
고구마굽는소리와함께
형과나의입술을태우던그날이그리워지게되고
하늘나라추운곳에서할머니가생각나게되는날
나는시를쓰렵니다
하지만가을이너무길기때문에
겨울이오기전에시를쓰게될지도모릅니다

어떤아이

저기좀 봐!
따갑도록 시리던 거침없는 푸르름이
이제 저도 가을인 듯
단풍을 먹었다.

울렁거리는 아이의 들뜬 마음인 양
포근했던 목화 송이가
해를 삼켜 부풀더니 마침내 터져 버렸다.
선혈이 하늘에 번지었다

목메이던 능수버들도
호숫가의 벤치에도
아이의 가슴에도 붉은 열정 범벅이다

III부
종이왕자

설날 아침에

설날아침에 겨울아이는
하늘따라 푸른 여행 떠납니다.
꿈의 잠에서 不望의 계절은 사라지고
발바닥 전체로 不忘의 계절이 다가오면
짖잡고싶구나 나의 세월알라리
싸우고싶구나 나의 詩月알라리

서로가 서로됨을 기억하고서 성큼
부대껴 선 나의 아이야.
부서진 돌가루를 추억으로 꼭꼭 눌르며
헐거부족의 야릇한 전설을 발밟아 다지며
추억을 추억이라 않고 스쳐간 원시인에게
한움큼의 담뱃재를 불어 날리도록
찬 5대대가를 불러보게 하소서.

다된 건전지의 엷은 후레쉬빛으로
꼼꼼이 소유한 희열을 뽑아내고
다 돈 테잎을 갈아 끼우는 조용한 욕망으로
겨울아이는 성숙한 바람을 찾아
물맑은 기쁨을 선물하여 봅니다.

열린 하늘에 세배를 하고 얼음녹은 임진강에
세뱃돈을 던지며 하늘과 맞닿듯 높이 솟는 기도.
이산 저산을 뛰어 달리며 약주를 뿌리고
홰치는 장닭의 질겁으로부터 떡을 쑤고
차례향 내음 적시어 우리 할아버지때의
사랑을 심습니다.

이 사랑 무럭무럭 자라나
비좁은 아이마음 깨게 하소서
설날 아침에 아이에게
가느란 향연의 자태로
푸른 여행 무사하게 하소서.

주) 5대대 : 80년대 전곡에 있던 유흥가의 별칭.

밤을 가지지 못한 우리

낮에도 밤에도
하얀 참새 소리를 들을 수 있음으로해서
우리는 밤을 잃어가고 있다

하느님께서 내게 친구를 보내실 때
소유가 아니라 공유를 주셨을 텐데
햇빛의 가슴에 안겨 사는 우리는
과거의 눈을 가지고 친구를 보고 싶어 한다

사람과 사람사이의 벽은 커다란 물얼음.

더 이상 아무말도 하지 않았음 좋겠다
다만 내가 믿고 있는 것들이
나로 인하여 변하지 아니하고
우리 사랑하는 이들을
탱자가시의 어둠으로부터 구함으로서.

새새○며○의도○그라미

이제 제자리로 돌아왔소.
동그라미를 모르고 아니 지우개로 지우고
지우개로 사각형도 지웠소.
동그라미가 없다면 더 이상 갈 수 없다 하오.
그래야만 도○그란 사각혀○를 그린다 하오.

단절?
"………" 아니 그리오.
그것은 어제와 내일의 마디를 잇는
오늘 해야 할 "새생명시의 연속"이오.
바로 지금 이 땅에선 모난 지구에 살고 있는
세인에게
부르짖는 외침이 있소.
"………"

당신은… 당신은 …… "생명이라"
"生이라는 도○그란 사각혀○을 그리오?"
"그리오."
바로 지금 동그라미를 깨고
모난 사각형을 쪼아서
도○그란 사각혀○을 그리오.

연필도 필요없고 종이도 필요없어 좋소.
인간에게는 드럼통보다 작고 깡통보다 큰
동그란 1○○○4형통이 있지않소.
그 속에 연필도 있고 종이도 있소.
"그리 그리오."
반드시 지울것은 "절명이라"

조작극

하수가 물비늘을
햇빛에 까집어내듯
반짝거리는 신작로 끝
삶과 삶으로 이어진 길
신작로는 길이면서 호수처럼 보이려고
태양의 사주를 허락한다.
신작로는
한낱 햇빛의 조작극임을 인정하면서
그 조작극때문에 자신의 존재가
변질된다는 우려도 인정하면서
지칠줄 모르고 농도짙은 그 무엇을
시사하려 애쓴다.

보석처럼 빛나는 물체가
도랑가에 널려 있어
무언가하고 가까이 달려가 보니
사기그릇 조각들.
햇빛을 받아 반짝이는
엉터리가 아녔더냐?

시 제

아침 안개가 해를 막아
종일 아침 안개다.
이렇게 순백으로 꽉 막힌 촌에서
오늘은 시를 썼다.

불구자나 다름없는 나였네
아무것도 할 수 없는 수사마귀였었다네
내가 무슨 말을 하리오.
"내가 무슨 말을 하리오."
자꾸 입이 작아지는 것을
"자꾸 입이 작아지는 것을"
더 이상 무엇을 받아들일 수 있단 말이오.
자꾸 심장소리가 우니는 것을.

포장마차

서울의 불빛만 쐬고오면 항상
무언가 도둑맞은 기분이다.
우벼내는 눈씨에 갇히고 만다
여인숙에서도
술집에서도
남대문 밑을 개심심히 지나가는
고급 승용차에서도

저자거리에서
그 빌딩 많은 소공동에서
가슴이 쩍쩍 갈라지는
인스턴트 가뭄을 만났다.
달의 회전도 멈출 수 있다는 요즘
덧셈과 뺄셈꾸러기의
간사한 장난질에 불과해도
가뭄의 피해는 극심하다.

잊어버려
잊어버려
카바이트 불빛 한 송이

카바이트 불빛 한송이 벌겋게 달아오른 36연탄불
오뎅 국물위를 떠흐르는 풍성한 수분
눈물겹고 정다운 가난이여.
누가 실연이라도 했나
잊어버려 그깟것

침뙨 24도 알콜잔을 하늘로 찌르며
도란도란 위로의 말이 들리고
갈라진 가슴은 사부랑삽작 술웅덩이
카바이트등이 더욱 붉어보일 때
펌프질은 회를 더해가고
곱으로 나눌 사람들이 온다
착암기를 가슴에다 찌르는 듯
몇 사람의 선량한 그림자.

자유에 의한 방황

나
여기
있다.

내가 아닌 내가
여기
이렇게
섰다.

나 아닌 남이
당신 거기 없소
해도 나는
서 있다
는 걸 안다.

모른 척
선 나
글 쓰는 것조차
모르는 척
살고 있다.

내가 서 있는 것을
모두가 다
모른 척 해도
나는 다 알고있다.

이등병

오륙십평 남짓한 드라마가 끝나고
모포속에 녀석들이 우르르르 무너지면
나는
개당 5원짜리 생채기를 뜯는다
밤이 깊을 수록
개심심한 뱃속의 뒤틀림들과
싱그러운 코웃음으로 내무반이 어두웠다 밝았다 할 즈음
나는
땅에 떨어진 자존심을 주워 모으듯
알뜰히 굳은 피딱지를
수북이 머릿살에 쥐 붙인 후
목아지를 주무르며 또한
모포속에 엎어진다.

동해기행 – 송도

사람아
이렇게 살아있다는 고마움으로
살아 있는 것들에 대한
웃음과
살아가는 것들에 대한
눈물로
사람아
어떤 난폭한 친구있어
이리로 달려오는 것 같아
눈알이 시리구나
살다가 살다가 죽어가는 친구들
삶에 대한 애증의 풍속도가
나를 스쳐간다.
결백의 파도를 누가 그렸는지
모르긴 해도
그냥 여기 부딪는 여백이
아프구나.
포말 가득 부서진 갯바위에서
가랑비가 내린다, 사람아
사람아
자꾸 굴러 들어 오는 비

걷어내자 걷어내자
사람아
아침이 밝아와도 두껍게
뇌살시키는 햇빛
그 타나토스의 진실을
걷어내자 사람아
제각기 다른 눈빛으로
살아가는 사람들 속에
제각기 다른 햇빛으로
소유하는 사람들 틈에
이렇게 살아간다는 고마움으로
사람아.

동해기행 – 욕심

직행버스가 서지않는 정거장에서
두 손 번쩍 들며
버스를 세운다.

그러니까
대보가는 길
바다로부터 잠이 오고
바다로부터 꿈을 꾸는데
창쪽 이십오번 좌석에 새로앉은 바다곁에서
바다를 차지한다.

빼앗긴 바다, 다 가질 수 있는 바다
촛불에 달려드는 나방처럼 모여드는 바다
빼앗기기만 하는 바다, 가슴엔 자꾸 바다가 고인다.
아무리 욕심내어 다 가지려해도 다 가질 수 없는 바다
귀청을 지나 바다냄새 터져나오고
침샘에 바닷물이 가득 찼는데도
저 바다는 그대로 있다.

흔들리는 버스가 종점에 닿아
모든 욕심들을 내려 놓고는
바다를 싣고 도시로 간다.

눈물도시 001106
―流淚市詩

잘난 사람들만 걸어가는 거리에서
내 잘린 利己主義를 위하여
또 이렇게 나의 自尊心을 쏟다.
이 거리를 지나치는 얼굴들 모두
이 도시를 찾아오는 걸음들 모두
잘나기 위하여 걸어가고
더 잘나기 위하여 찾아오는 듯 한데
나는 저 잘난 모습을 알기 위해
앉았는가 보다.
아아, 커피잔을 들고 나가는데
너는 알고 있었구나
잘나서 잘 사는 저들의 도시는
아아, 먼 거리에 앉았는데
시내버스 차창 밖으로
이 거리를 쳐다보는 저들의 얼굴에서
나는 알 수 있다.
내 잘난 이기주의를 위하여
첨 너에게 詩라는 걸 써 보낸다.

눈물도시 001210

돈을 위한 몸부림은 사랑에서 나온다네
이루고자 하는 것들이
인쇄골목 새단장한 숯불갈비를 먹으며
짖눌러져 가는 나를 발견하네
남산동 인쇄거리 그 삶을 얻어먹기 위해
새치기를 하고 끼어들기를 일삼는 우리네 말투
진짜로 이루고자 하는 것은
얻어먹는 삶이 아닌데 말이네
밤의 술찌끼를 곱씹어 삼키고
새단장한 숯불갈비 출구를 나서면
거리는 한쪽으로만 쏠려다니고 있네
살아가는 이유를 확실히 깨달으면서도
그 행함을 못하는 일방통행로에서
진짜로 이루고자 하는 것을
마음껏 해 보고자 한다네
한숨 - 제대로 크게 한번 쉬어볼 수 있는 기회
여보셔 부르는 사람이 있네
제발 그렇게 좀 해 주게나고
안경 한겹 더 껴도 좋으니
사랑하는 것들만 보이게 해 주게나고
여보셔 여보셔 부르는 사람있네
제발 그렇게 좀 해주겠다고.

눈물도시 970518

얼만큼 긴 지는 모르지만
긴 호스의 물소리가 참 싱그럽다.
행여 그 소리 그칠새라
고분고분해지는 위액과 위조직들.

장군식당 그 이름처럼
물소리 더욱 거세다.
잠금밸브 없는 호수의 끝
잠글 수도 없는 물폭포
다시 뛰달려넘치는 물탱크의 편린들
너는 어째서 저를 닮으려 하느냐.

누구는 절을 하고 누구는 받기만 하고
누구는 외국노래를 하고 평상은 박수만 치고
초파일 지난 용연사 그 소절을 먹고
머리속에서 발갛게 타는 절겨움들.

물이 튀어 물답지 못하고
술이 흘러 술답지 못할 때
물이 술을 마시고
술이 계곡을 마시고

이 건조한 평상에서 우린 언제쯤
떠날 수 있겠습니까.

오늘 우리의 일기 속에서
안고집 밧고집 다 풀지 못한 채
외오른 평상에서 그렇게
술깬 운전수를 기다리고 앉았다.

한 심

오늘은
지름 12찜5미리
두께2미리 길이75미리짜리 대롱으로
별을 헤어 보았다.

종이왕자 920001

장래희망 잃어버린 나의 이기주의를 위하여
늦은 기상시간을 맞추어 놓고 다시 드러 눕는다
나는 언제나 내맘대로였던가
암만해도 왕이란 생각이 천정위로 오른다
어린 손자 손을 감싸쥐는 할아버지 손
실록 일부라도 그 손이길 바랬다
동아원백 월부금도 못 바치는 나는 정말 왕일까?
일확천금 일시불을 거부하면서도 사실은
양 '일'을 너무나 처절하게 꿈꾸어 왔었다
정 안되면 훔쳐내기라도 할 양이다

뜨이지 않는 왕의 참눈을 위하여 홑이불을 쓴다
언제든 가지리라는 욕심 흐르면
어디든 당하리라는 걱정 스미고
얇은 어둠 걷어 아침을 기다리며
다시 닫긴 눈에 더해 꿈을 그린다
뒤쳐진 바쁨 일으켜 무던한 나의 꿈
온전한 내편 깨워낼 부단한 나의 손짓
자명종 울기 전까지
간절한 나의 사람

종이왕자 930001
―보고도 아픔이다

세~월 이렇게 보고도
아는 체 할 수 없음은
보지 않고도 느낄 수 있음과
속내로만 기뻐할 수 있음에 대한
가슴 아픔이다, 아주 절실한.

세~월 이렇게 만나고도
웃지 못할 응어리가 있음은
아주 미안한 가슴아픔이다, 이렇게
살아가는 너의 어둠을 모른다, 이 또한
사랑을 찾는 아름다운 사람들에게 지독한
가슴아픔이다.

종이왕자 930002

아울러 삶은 아름다워라
하려 함을 언제라도 펼칠 수 있으니
생각 가뭇없어라
이룰 수 있는 생각이란
희망만으로 남지 않길 바라고

더불어 잠은 즐거움이라
잊으랴 함을 언제든 잠들 수 있어서
표정 하릴없어라
꿈 꿀 수 있는 자유란
혼자만으로 이루어지지 않길 바라고

삶에서 밀려나온 사랑은 또 사랑이어라
잠에서 깨어나온 사정은 다시 새생명이어라

종이왕자 930003

멀어지는 사람은 잡을 수 없는 것
밀어내는 사랑은 어쩔 수 없는 것
헤아리는 사랑(思量)에 나아갈 수 없고
기다리는 사랑(舍廊)에 날아올 이 없네
함께 하고 싶어도 없다 없다 없다
높이 날고 싶어도 없다 없다 없다

종이왕자 930004

보낸다는 것은
맞아들이기 보다 더 힘든 것인 줄 잘 알고 있다
이후에는 맞이하기 보다 먼저 해야 할 일이
보내기 위한 준비를 해야 한다는 것을 아는 것이다
이렇게 큰 아픔은 없을 것이다
아직 못하였더라도 꼭 찾아 알 수 있도록 해야 한다
종이는 종이로만 있을 뿐이지
독자에게 다가선 책일 수가 없다

詩人夢想記
―한숨의 잠을 자기 위하여

이상하다
하스꼬를 만나고 오던 날부터
콧구멍에서 바람이 샌다
이런 날은 그저 방문 꼭꼭
걸어잠그고 자야겠다, 앞으로는
방에서만 자야 하리

술로도 피곤하고 글로도 깨지 못한 날에는
방 안으로 가두리다
물결 알랑알랑 안경을 벗기고
욕망의 머리 뉘어 추락의 꿈 입힌다
소리내어 꾸지 못한 잠부림 못났더라

엉킨 보풀에 걸려 중얼중얼
막막한 목청이라 아우성 지우고
퍽퍽한 가슴으로 쓸쓸함도 덮어
오늘 하루 다 바쳐 꾸역꾸역 꿈에 든다

틈새바람 헝그러운 방에서
널 울릴 풋심이라 콧소리 졸여지고
잠재울 알심으로 시간조차 잠이 들면

낭떠러지는 없는 가위 몸부림친다
한숨 잠 자기 위한 버릇 하나로.

젊은 예술가의 슬픔

일구팔륙년
일월 이일
목재병동에 큰 불
환우의 그리움으로 인해
불속에 뛰어드는 뜨거운 온정으로
널 구하려 했었다

병실 창문이 터지고
회백색 부산물을 토해
되도록이면 오늘은
희뿌옇고 멀건 이야기를
내 뱉고 싶다,
하양은 사랑색이라고

새벽부터 무슨 기약,
하야니 피어 오른 순결의 송이
참꽃 이파리 씹으며
풋풋한 사랑니를 분홍으로 물들여
초조한 기다림앓이에
입원 했었지

전자 오락기와의 무심한 쌈질처럼
눈 녹은 땅, 질펀한 슬픔이
피의 재롱을 부추킨다
불량주화 제거레버 내려
다시 아픔의 열병 앓는다

기다림의 대상이 있다는 건
행 · 복 · 정 · 점
사랑을 간추려서 침묵하듯
이별로 준비하는 침묵이라
우인학으로 연, 연, 연 말고
우리곁에서 떠나간 것들을 잊는
버리는 연습을 해야겠다

作亂

오늘은 네집앞 비디오가게 앞에서
한 참이나 서성거리다 왔다
장난처럼 깊어져
作亂처럼 슬퍼지는 사람아

不장난 아니라 하면 장난이던가
너는 나의 모습으로 속이 타서
나는 너의 모습으로 재가 되어
서로를 느껴볼 수 있을
사람아

기성세상 초인종 앞에서
누를까 말까 수백 수천 번
빌어컨 불
난세매듭 풀지 못한 어른세상

금지의 굴레에서 깨어나기 위해
끝내 누르지 못하고 돌아서는 길
우리 난중에 다시 만나,
성냥개비 수두룩한 밤거리에서
作亂쏘시개 여기저기 흐트려놓고 온다

하 교

발길에 채이는 돌 하나
가끔 마음 줄이는 한줄기 바람이
먼 먼 하교길에 찾아와, 내리쬐는 맑은 해의
광직선을 따라, 커서 시인이 되리라는 아이의 꿈은
고향으로 치닫는다

푸름푸른 푸른 산
애티나던 아이들의 가느란 손 모아
봄이면 꽃필 참꽃에다 지질까?
짙게 묻은 풀초록이
너무너무 푸르러 새까매질 때
강 건너 소녀에게 향그럼을 전할까?

나뭇가지 둥지없는 방랑이
새싹이 움틀 무렵을 기다려
시를 쓰는 사람들의 사랑이다가
사랑하는 사람들의 시어이다가
어지럽게 휘달리는 보람들틈에서
자, 니꼴라와 친구가 되는 거다.

새

그런데
나는 소리를 만들지 못하고
눈물을 만든다
아아 새가 되고파 날아 가고파
하릴 없는 여름묘소에 날개 되고파

깃이 솟아 새에게 보내면
날개 날려 새생명 돌아올까
날개 생명 부르돋아나
허허로이 맴돌 터이라

퍼덕이는 소리로 나르샤
하늘 우러러 눈물 거두고
바라고 싶은 날개 숙여서
버리지 않을 새생명 숨기리라

옷을 덮어 날개 가리자
바라고 싶은 날개 없어지니
버리고 싶은 생명 없어라
펴지 말리다, 눈물비 다시 없으니.

해설

[해설]

조작극의 공간, 무의미의 모호한 의미

소설가 정완식

　시인은 영화의 수많은 장면처럼 연속된 이미지 속에 살고 있다. 지나간 장면들은 모두 시의 질료가 되고, 심지어 찰나의 순간이나 폐기처분된 스틸 컷마저 시인에게는 콜라주(collage) 소재로서의 효용가치를 지닌다.
　육식성 도시가 지닌 익명성, 소외된 인간, 파편화되어가는 의식은 시인에게는 일상이 된다. 도시에서 넘쳐나는 이미지 속에서 시를 이끌어가는 시적 화자는 심각한 자아분열과 감각이 도치되는 비정상적 파괴적 언어로 서술하기도 한다. 수많은 병리현상 중 버려진 삶과 존재를 외면하지 않고 눈물과 웃음을 시어로 삼아 시인은 새로운 생명력을 불어넣는다.

　이재욱 시인의 시집 『종이왕자』는 가치없이 버려질 생명력에 대한 헌사가 된다. 시인 자신이 걸어온 지난날의 이미지들이 때로는 연작으로, 때로는 모호성, 언어재조립을 통해 삶에 대한 대답을 해주고 있다.

흐름이 막힌 삶, 조작된 도시의 인간

삶은 실타래처럼 얽힌다. 시인은 삶을 혼란의 실타래를 헤치고 세계로 나아가는 흐름으로 인식한다. 생물학적으로 "염낭속의 태아는 통상/십사만 오천 회의 손짓을 보내고서/탈낭한다고 한다.//가마쥔 날개를 태아의 어깻죽지에 붙였다 뗐다(「염낭속의…」)"하며 삶의 흐름을 시작한다.

'엄마 젖꼭지를 만작'이든, '이상무의 만화책'을 읽든 행위는 "가슴에도 붉은 열정 범벅(「어떤아이」)"이 된 아이로 성장시킨다.

기억에 남는 정서적 이미지는 할아버지의 정서적 선문답으로 시작된다. "많은 생각을 가지라는 사랑과/좋은 사랑을 하라는 사랑을 같다하셨더이다.(「궁·금·답·답」)" 라는 사랑과 사랑이라는 추상적인 이미지를 얻는다. 해를 넘기는 「제야(除夜)」는 할아버님네의 심줄을 잇는 순수한 작업이 된다.

「둥지를 버리고」 세상에 나서면 "손가락 사이에 물갈퀴가 없음으로 인하여/헤엄치기 힘이 드"는 존재가 된다. 물갈퀴는 커녕 "직립보행마저 힘들다"보니 "슬픈 이슬 두어낱"으로 살아남는다.

군데군데 젖은 솔가지 꺾어
아궁이에 쑤셔박고 불을 붙이는 누구?
우리를 슬프게 하는 것들
풀내나는 새벽공기
삼각산의 매월당

동냥통 안에든 헌돈 부스러기
우리를 슬프게 하는 것들

때낀 귓바퀴를 은밀히 건드려
낮은 그림자의 장난으로 손발이 젖어
종이장처럼 얇은 거지 안면부

―「우리, 매월당, 거지, 나」 중에서

88년 초겨울 그것은
보내는 이와 떠나는 이의 공간을
지나는 의미없는 하루 종일의 눈
내 눈에 파묻힌 생명이 젖어있고
엉켜진 가슴에 써레질을 하는
눈이 내린다 눈이 내린다

―「88년 초겨울」 중에서

  매월당과 거지는 직립보행마저 힘든 자화상이다. 그들은 아무것도 할 수 없는 "수사마귀(「시제」)"이자 신천동 자취생(「신천동 자취방」)이며 「외인학교」의 부호인데다 웃음잃은 「강마을 아저씨」이다.

  "눈물도시"의 「불종거리」에서 메모지와 약속하는 자아인 "성냥개비(「Memo를 읽지 못하는 사람들」)"처럼 쓸모없이 버려질 일회성 가치에 불과한 존재이다. 지독히 사무적인 표정을 금지로 삼는 하급관리가 보풀이 일 듯 값싼 갱지조각으로 전해준 명령서에 따라 동두천 칠리(「88년 초겨울」)를 거쳐 5원짜리 생채기(「이등병」)를 뜯으며, 은밀함을 공유하는 자랑스러움으로 우렁차게 5대대가(「설날 아침에」)를 불러야 한다.

  이 현상을 시적 화자는 당연히 조작극이라고 항변한다. 인간을 몰락시키는 사악한 가해자인 셈이다.

신작로는 길이면서 호수처럼 보이려고
　　태양의 사주를 허락한다.
　　신작로는
　　한낱 햇빛의 조작극임을 인정하면서
　　그 조작극 때문에 자신의 존재가
　　변질된다는 우려도 인정하면서
　　지칠 줄 모르고 농도 짙은 그 무엇을
　　시사하려 애쓴다.

—「조작극」 중에서

　시인은 조작극을 삶의 흐름이 막혀버린 원인으로 본다. 삶에 흐름이 없으면 "사람이 사람이지 못하고 고초의 바퀴에 매달"(「살아 숨쉬되 흐름이 없어」)리게 된다. 그것은 패배와 훼악이란 결말을 초래한다.

　삶의 흐름을 막는 장애를 시인은 "테두리"로 인식한다. 시인의 의식은 '테두리 안에서 숨을' 쉬지만 그 상태로 끝장이 나는 현상에 머무른다. 그것은 언제나 초라하고 너절한 방랑자로 귀결된다. 이 시인의 의식은 시집 전체의 분위기를 결정짓는다. 테두리 안에 머무는 군상들은 "금력남도 학벌북도 세이들(「서울인구 천만」)"일 수도 있고, 「강요에 의한 시짓기」를 위해 채우지 못할 원고지를 앞에 둔 시인 자신일 수도 있다.

문학과 과학 경계선, 언어의 모호성

　흐르지 않는 삶의 두가지 양태, 즉 「외인학교」와 「의보 진단서」는 과학의 세계와 문학의 관념으로 갈라진다.

　외인학교식 부호화 인간형은 "자아를 상실한 사람이/이 아름다운 고장의 풍물이 되어간다"(「불종거리1」)는 사회에서 "지름

12찜5미리/두께2미리 길이75미리짜리 대롱으로/별을 헤"(「한심」)는 의식의 퇴화를 보인다.

외인학교 3학년 8반에서 시작된 낯선 외면적 자아는 신장번호→출석번호→등록번호로 변경되는 학제상승 과정을 거쳐 외인학교가 부여한 현대인의 지극히 과학적인 부호로 명명된다. 그 인간형은 문학과 수학의 구분이 모호한 세계에서 언어를 해체하고 재조립을 실험하며 존재한다.

    총총한 主權을 安住하고 영원한 침묵을 許하는
    그대는 누구더뇨?
    (오늘)2+(어제)2=내일은
    호 이코노미즘 세대의 句三 股四 弦五

    그대=이코노TV만 찾는사람
    우리=이코노TV만 찾는사람들

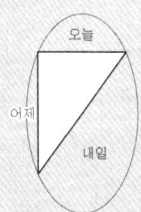
    지싯지싯
    어제4Cm
    오늘3Cm
    선분어제와 오늘은직각
    (오늘)2+(어제)2=내일또내일

    세상은 Pythagoras의 이설에따라무작정
    무작정발전한다.
    발쩐   발쩐
    해도된다 와   해야한다 의 대립.

                                      ―「불종거리2」 중에서

「한심」한 시적 화자는 언어의 해체와 다양화를 통해서만 자신의 존재가 확인된다. 크多亂, 판도亂, 暗생각, 도○그란 사각혀○……처럼 한자와의 어색한 조합, 한글의 파자(破子)를 통해 새로운 시니피에(signifie)를 찾으려 한다.

"물기없는 빛깔로 채색된(「둥지를 버리고」)" 건조한 시적 화자는 사뭇 문학과의 접점을 찾아 헤맨다. "1.반라 태양의 어지러운 방랑 / 2.무채색으로부터 일광선의 해방선언……태양을 사랑하는 것보다야 햇빛을 사랑하는 것이" 더 열정적이고 더 적극적(「외인학교」)이라고 인식한다. 그럼에도 일련번호를 잊지 않는 한계성을 띤다.

「의보진단서」로 상징되는 내면적 자아는 음울하고 내성적이다. "나는 시계를 샀다./아주 싼 값으로/아주 값비싼 세계의/스프링 춤추며 사는/한마리 초바늘 작은 벌레(「시계」)"이다. 순서대로 매겨진 부호가 아니라 개별 존재이다.

> 다들 비켜라 거침없는 모
> 아무도 못들와 부르돋는 순
> 어두운 세상, 잠꼬댄 듯 고집과
> 어려운 세월, 헛소린 양 성토로
> 그은 평행선이 줄 리 있으랴
>
> ―「살맖앓이 2」 중에서

> 갈고 닦은 3억5천 부잣집 맏며느리
> 따뜻 촉촉 온정 찔어 반짝이는 몸매
> 자고나니 부자 깨어보니 사랑 그레고래 잠자
> 라 쿠카라차~ 한 쌍 이루었을까

애국자도 선지자도 아니지만
슬프지 않을 정도의 따가움과
밉지 않을 정도의 왱왱거림으로
F-킬라 없으면 장구 장수 가능할까
요리조리 구사일생
결국 산다는 게, 하루살아 남았을까

—「살맑앓이 8」중에서

「살맑앓이」 연작은 자의식 과잉자의 독백이어서 막힌 삶의 내면을 보여준다. 줄지 않는 세계와 자아의 평행선, 카프카의 『변신』에서처럼 벌레로 퇴화해버린 자화상을 보인다. 이기주의를 위하여 시를 쓰는 눈물의 도시(「눈물도시 001014」) 연작은 배경으로 적당하다. 눈물의 도시에는 "몇 사람의 선량한 그림자(「포장마차」)"나 "作亂처럼 슬퍼지는 사람(「作亂」)" 혹은 "포말 아름드리 빛거품(「바람」)"이던 친구처럼 부호를 거부하는 삽화도 있다.

근본적으로는 일회성 소모품인 성냥개비나 "파리채 틈새 끼인 파리목숨(「혜정은 날아가고」)"에 지나지 않는다. 그러나 내면 깊이 분신의 꿈을 꾸며 한번은 타오를 붉은 열정을 품고 있다. 비록 친구에게 "과거의 눈을 가지고 보고 싶어(「밤을 가지지 못한 우리」)"하지만 마음으로는 과거와의 단절선언이다.

나는 소리를 만들지 못하고
눈물을 만든다.
아아 새가 되고파 날아 가고파

하릴 없는 여름묘소에 날개 되고파
―「새」중에서

　날개는 염낭속에 있었을 때 태아가 보내는 십사만 오천 회의 손짓과 가마쥔 날개를 태아의 어깻죽지에 붙였다 뗐다하는 엄마의 한이 보여주는 자아의 원형이다. 그래서 시인은 다시 태어남의 의식으로 "여기서 일어서는 시간(「염낭속의……」)"이라고 규정한다.

보냄으로써 흐름이 이어진다
　태생의 고통과 모태의 한이 만든 날개를 달고 사람이 다시 일어서는 시간은 희열이다. 시인은 "하늘가운데 무수한 반쪼가리의 영혼들이/잃어버린 심장을 찾아 바쁘게 일어선다(「혜정과 함께 사라지다」)"고 했다. 광인이 되다시피한 사랑의 이별은 88년 동두천 칠리나 눈물도시에서 일어나는 현상이다. 그 집착이 빚은 상처에서 다시 태아의 손짓과 날개깃이 솟지만 고통이 따르기 마련이다.

이별은 준비하는게 아니라지만
이름 모를 곳에서 날개 죽지 퍼덕이는 소리
내일이면 날개깃이 빠지고
또 한번 자궁벽이 썩어 내릴 게지
―「혜정과 함께 사라지다」 중에서

보낸다는 것은
맞아들이기 보다 더 힘든 것인 줄 잘 알고 있다.
이후에는 맞이하기 보다 먼저 해야 할 일이

보내기 위한 준비를 해야 한다는 것을 아는 것이다.
이렇게 큰 아픔은 없을 것이다.
아직 못하였더라도 꼭 찾아 알 수 있도록 해야 한다.
종이는 종이로만 있을 뿐이지
독자에게 다가선 책일 수가 없다.

— 「종이왕자 930004」 중에서

날개깃이 빠지고 자궁벽이 썩어 내리지 않는다면 새로운 날개를 가질 수 없고 새로운 아기를 낳을 수 없다. 보내는 고통이 없으면 종이는 종이로서 존재할 뿐, 책이 되지 못한다. 남의 책을 만들어 주던 종이왕자의 과거는 떠나보내야 할 시간의 퇴적이자 잘려나갈 스틸 컷의 집합이다.

보냄으로서 새롭게 시작되는 삶의 흐름을 시인은 「설날 아침에」서처럼 세월 혹은 '시월(詩月)'이라 부를지도 모른다.

시월은 특정 계절의 부분이라기보다는 삶의 흔적이 빚어낸 이야기나 이미지가 있는 불특정한 날이다. 거침없는 푸르름이 단풍을 먹은 가을이 아니라 아이의 가슴에 "붉은 열정 범벅(어떤 아이)"이 되는 계절이다. 시월은 창작이나 이미지를 체화하는 계절이 된다.

형과나의입술을태우던그날이그리워지게되고
하늘나라추운곳에서할머니가생각나게되는날
나는시를쓰렵니다

— 「가을과 시와 나」 중에서

바람에 못이겨 흔들리는 속삭임이

찌르찌르 찌르르 저녁벌레의 이야기
가만가만 어디선가 갈댓살이 웃는다

—「갈대」중에서

이미지는 곧 이야기이다. 누구라도 시인이 된다는 낙엽이 지는 계절의 처연한 엘레지가 아니라, 가슴속에 남은 이미지 혹은 가을이 빚은 바람의 노래에도 무뚝뚝하기만 한 갈대가 저녁벌레의 이야기에 웃는 이미지가 곧 시가 된다. 이방인의 도시에서 그토록 이야기를 만들며 헤맨 끝에 종이왕자는 버려질 이미지가 모이는 종착지를 만난다.

마침내 삶이 흐름을 얻어 길에서 짓밟히고도 되살아나는 질경이가 될지도 모른다.

질긴 목숨 끝까지 살아나
질경이라 이름하였구나
발자취여도 발자욱 없는 풀
만병치레에 숨 바치는 풀
너를 덮어 개구리 살듯이
네가 씹혀 내가 낫는다

—「질경이」중에서

나뭇가지 둥지없는 방랑이
새싹이 움틀 무렵을 기다려,
시를 쓰는 사람들의 사랑이다가
사랑하는 사람들의 시어이다가
어지럽게 휘달리는 보람들틈에서

자, 니꼴라와 친구가 되는 거다.

—「하교」 중에서

　기름진 옥토에서 자란 질경이라면 개구리를 살리고 병치레 소년을 낫게 할 수 있었겠는가? 수레바퀴를 원망치 않고 짓밟혀서 일어서는 재생을 통해 삶의 흐름을 이어온 풀이다. 날개깃이 빠지고 자궁벽이 썩어 내릴지라도 새로운 재생을 준비하는 동물과 다르지 않다.
　삶은 결국 수레바퀴에 대항하는 대립이 아닌 질경이의 화해이며 희생이 필요한 과정이다. 시인의 표현대로 흐름이 있는 삶이란 "살아 있는 것들에 대한 웃음과/살아가는 것들에 눈물(「동해기행-송도」)"에 다름 아닐 터이다. 꼬여진 삶이 흐름을 되찾는 것, 음울한 눈물도시에서 건져내는 '살아 있다는 고마움'이 바로 시이다. 돈도 안 되는 시인의 존재 이유이다.

　시를 쓰면서 종이왕자는 그토록 폐위당하고 싶던 자신의 삶이 온전히 흐름을 얻는다.
　이재욱 시인의 두 번째 시집 『종이왕자』의 상재를 진심으로 축하드리며, 시운(詩運)이 영원히 이어지기를 바란다.